AF310786

DES

BROCHURES

ET DE

LA MANIE D'ÉCRIRE;

Par M. Auguste JACQUETTE.

> .... *O utinam novâ*
> *Incude diffingas retusum in*
> *Massagetas Arabesque ferrum.*
> Hor. liv. 1.ᵉʳ, ode 35.

A NISMES;

Chez GAUDE fils, Imprimeur-Libraire;
Grand'Rue.

1818.

INTRODUCTION.

Oɴ ne lit maintenant que des ouvrages éphémères qui retracent les désastres de nos révolutions : tous les partis se réveillent, toutes les haines se rallument ; personne ne veut avoir tort, chacun s'érige en Aristarque ; la presse gémit et met au jour peu d'écrits modérés, mais beaucoup de libelles contre le gouvernement et les particuliers.

On se rend en foule chez les libraires, on se presse, et souvent avec de la patience et de l'argent, on ne peut obtenir ce que l'on désire. En un clin d'œil toutes les brochures nouvelles disparaissent, on imprime exemplaires sur exemplaires, et il ne s'en trouve point assez pour étancher la soif des innombrables politiques. Les libraires adressent la même réponse à ceux qui se présentent trop tard pour se procurer les nou-

veautés : « messieurs, nous sommes
» bien fâchés, nous n'avons point pour
» le présent ce que vous demandez,
» nous avons écrit à Paris, et nous
» vous promettons que nous ne tar-
» derons pas à vous satisfaire. »

Voilà quelque chose de bien dé-
sagréable pour les curieux ; mais on
se console et on espère bientôt récu-
pérer le temps perdu. D'ailleurs le
catalogue est toujours là, et l'on ne
finirait plus si l'on voulait passer en
revue tous les textes de ces écrits :
*Les Ballots politiques adressés au
peuple français, avec la facture, par
un fabricant ; un coup d'œil sur l'esprit
public du midi de la France depuis la
première restauration ; Nismes, Marseille et ses environs en* 1815, *deux
volumes dont l'un est enrichi du portrait
de Jacques Dupont, dit* Trestaillon ;
*l'Histoire de la bagarre de Nismes,
ou Précis historique des massacres
commis par les protestans sur les*

catholiques, dans les journées des 13, 14 et 15 juin 1790 ; *encore un Concordat* ; *le Post-Scriptum* ; *le Ministère et la Coalition* ; *le petit Livre de poche du père Michel* ; *quelques Vérités en prose et en vers* ; *les Événemens de Lyon* ; *la Réfutation du rapport du révérend Perrot* ; *le Tableau des persécutions essuyées par les protestans, depuis le commencement de la révolution jusqu'à nos jours.* Voilà de quoi, j'espère, occuper le loisir d'un homme qui a la ferme résolution de lire jusqu'au bout toutes ces brochures l'une après l'autre ; il peut faire de sages réflexions sur les divers genres de productions et le mélange des opinions. Tout le monde peut profiter de la liberté de la presse, et je suis persuadé que les apothicaires et les épiciers ne seront pas ceux qui y perdront le plus ; par ce moyen les ouvrages se répandent, une feuille tombe entre les mains d'un malade, et une autre dans celles d'un marmiton. Les alliés doivent rire de ces débats, en vérité. Ils doivent éprouver un plaisir secret de nous voir lutter à coups de plume avec tant d'acharnement, parce qu'ils espèrent que nos discussions deviendront plus sérieuses. L'Angleterre reste spectatrice oisive en apparence, mais, suivant toujours le même système, elle cherche à entretenir le feu de la discorde ; c'est ainsi qu'avant la révolution elle contribuait de tous ses moyens à accélérer la fatale catastrophe qui fit succomber tant de milliers de victimes. Puisque les Français aiment tant à porter leurs regards en arrière et à oublier le présent, après avoir éprouvé de si grands malheurs , ils devraient se donner la peine d'en rechercher les causes. Ils verraient alors que leurs concitoyens n'ont pas été les premiers auteurs de leurs maux , qu'ils ont eu des instigateurs cachés , comme il est probable qu'ils en auront encore. Loin de faire revivre leurs haines , ils se mettraient en garde contre la perfidie, et uniraient leurs efforts pour rendre à leur patrie la gloire et la prospérité qu'elle a perdues momentanément.

DES BROCHURES

ET

DE LA MANIE D'ÉCRIRE.

Un volcan, après avoir vomi pendant de longues années toutes les horreurs de la mort, s'apaise : le calme renaît sur cette cîme d'où naguère jaillissaient des torrens de flammes ; quand les feux qui déchiraient son sein se sont fait un passage, fatigué de tant de secousses, et succombant sous ses propres efforts, il laisse reprendre insensiblement à la nature les droits qu'il avait usurpés.

L'homme, image de la Divinité, ne peut-il imiter la terre qui n'est qu'une pure machine ? Son cœur, qui ne s'embrase que lorsque sa volonté le lui commande, entraîné par des passions violentes une fois satisfaites, ne peut-il éteindre les transports qui l'agitent ? Non, se dompter soi-même a été de tout temps une trop grande victoire. Des hommes, animés par le désir de la vengeance, assouvissent leur rage;

et, lorsqu'ils ne trouvent plus d'obstacles, elle s'assoupit pour se réveiller encore. On enfante des révolutions : des échafauds sont dressés sur les places publiques ; le sang ruisselle de toutes parts ; les villes et les campagnes sont couvertes de morts ou de mourans ; la discorde, la désolation règnent dans les familles ; et la terre de la patrie, en proie aux fureurs de la guerre civile, ressemble à un aride désert.

Les ames vertueuses et sensibles ne sont-elles pas glacées d'effroi en se ressouvenant de ces scènes de deuil et de carnage ! La foudre n'écrase point les auteurs de tant de forfaits, et la nature leur a refusé un cœur qui pût saigner à la vue de tant de désastres ! Leurs yeux aimaient à se repaître de ces terribles spectacles : ils dominèrent par la terreur jusqu'au moment où les victimes, qu'ils destinaient encore aux supplices, se multipliant comme les têtes de l'hydre, se sont levées et les ont précipités du trône sanglant où ils étaient assis. Trop généreuses, au lieu de les envoyer à la mort, elles leur pardonnent et commuent leur peine en un bannissement perpétuel. Les traits de leur Roi dont il ont fait tomber la tête sous le fer des bourreaux, l'image de la patrie qu'ils ont couverte de sang et de ruines, se présente à chaque instant devant eux ; rongés par les remords, contraints de rougir de leurs forfaits à la face de l'univers qui les contemple, ils font circuler les trésors, fruits de leurs crimes, pour se créer des prosélytes, et ils brûlent d'impatience de fouler aux pieds cette terre encore empreinte des vestiges de leurs fureurs.

Oui, nous ne le cachons pas, il existe des pervers qui veulent nous replonger dans l'abîme, et que la profondeur du précipice n'épouvante pas ; mais laissons ces présages.... Le ciel nous a sans doute assez punis, il a permis que la paix redescendît parmi nous, et il ne dépend que de notre volonté de fixer à jamais son séjour. Que les Français, pleins d'amour pour la patrie, s'unissent et déjouent les complots des méchans, jusqu'à ce que la divine providence leur inflige le châtiment qu'ils auront mérité.

C'est dans le moment, où nous devrions oublier tous les esprits de parti, laisser de côté toute vengeance particulière, cette passion malheureusement trop commune ; quand le commerce est languissant, et presque abattu par le triomphe passager et les intrigues d'un peuple voisin ; lorsque toutes nos places fortes et les frontières du nord sont occupées par les troupes des souverains coalisés; quand l'Europe nous impose un tribut perpétuel et que la patrie est épuisée, c'est alors que l'on cherche à nous replonger dans les horreurs d'une autre révolution et à ébranler la France jusqu'en ses fondemens.

Des hommes, accoutumés au désordre, ne peuvent supporter quelques années de repos, et cherchent toutes les issues possibles pour sortir d'un état de tranquillité, devenu léthargique pour eux seuls. Lassés de la paix, ses charmes n'ont rien d'éblouissant pour eux et ses douceurs leur sont amères. Ils emploient tout pour atteindre le but qu'ils se sont proposé ; ils abusent de tout ; tout, enfin, décèle à chaque pas leurs intentions hostiles.

Le Monarque qui nous gouverne a donné à la presse une liberté sans bornes, dans le dessein d'augmenter la confiance de son peuple et d'ajouter à son bonheur. Hélas ! que son cœur se trompe et combien il gémirait, s'il apprenait par lui-même quelle récompense on prépare à ses bienfaits !

Vous, qui usez avec tant de malignité et si peu de retenue du droit sacré qu'il vous accorde, savez-vous quel en était le but primitif ? Éclairer les magistrats, réformer les abus, alléger le fardeau que l'on pouvait faire peser sur le peuple, afin que ces mêmes magistrats, quelquefois trompés malgré leur prudence, en informassent le souverain. Ce n'était point, comme vous le prétendez, pour retracer les dissensions, rappeler les plus cruels souvenirs, et des malheurs, grands sans doute, mais que le temps doit en quelque sorte effacer ; ce n'était point pour que de rebelles sujets osassent attenter à la sûreté personnelle de leurs princes, à la destruction des lois, à l'anéantissement de la société, au bouleversement de l'Europe et de l'univers ; car on connaît les effets que notre révolution a produits ; elle a agité ses brandons sur tous les points de la terre, et les plages méridionales de l'Amérique se ressentent encore de ses fatales impressions.

Les écrits qui parcourent la France, surtout depuis le commencement de l'année, tendent à nous ramener à ce triste état de choses. Je ne veux point dire cependant qu'il n'y en ait parmi les auteurs dont les intentions ne soient pures ; mais la plupart travaillent à porter les esprits d'abord à l'insubordination et ensuite à la révolte.

Si j'essayais d'analyser quelques-uns de ces écrits, il me serait facile, j'ose le croire, de démontrer qu'on n'a d'autre but que de briser les faibles liens qui nous unissent. Je prendrais le premier qui me tomberait sous la main ; je ne m'attacherais pas, la censure n'étant point de mon ressort, à examiner page par page si le style est décent, ou ne passe pas les bornes de respect dû au gouvernement et aux autorités qui le représentent ; je n'aurais qu'à jeter les yeux sur le texte, et les mots, employés si souvent pour tromper le peuple, *Liberté, Indépendance*, frapperaient de suite ma vue. Quelle épigraphe, et quels souvenirs elle rappelle ! Ne semble-t-il pas, à entendre les cris de ces auteurs, que nous sommes sous la tyrannie des pachas et de leurs janissaires ? Cependant chacun a le droit d'émettre son opinion, toute bizarre qu'elle peut être, et en instruire la France. Quel esclavage ! Il existe des preuves plus convaincantes de l'aveuglement et de l'inconstance de quelques hommes. Sur la fin du régime impérial, ils s'écriaient : « nous voulons le Roi ; le Roi seul peut » rétablir la paix. » Cela était vrai sans doute, mais la plupart voulaient profiter des troubles qu'occasionnent toujours les changemens de dynastie, pour s'emparer des places qu'ils convoitaient depuis long-temps. A présent que leur système de fourberie est divulgué, ils publient que le gouvernement royal est sans énergie, et que la France est consternée. Ils désireraient créer une nouvelle république, dont eux-mêmes, ou les personnages qui les font agir, occuperaient les premiers emplois. Ne serait-il pas naturel d'ailleurs (en parlant d'après eux) que les fondateurs retirassent le prix de leurs nobles travaux ? Si, en 1793, pour couvrir le forfait qu'ils avaient commis sur la personne sacrée du meilleur des rois., semblables aux Romains, qui s'étaient contentés de chasser Tarquin de leur territoire, ils eussent posé les fondemens d'une sage république; s'il eût existé des hommes assez amoureux de leur patrie pour ne point l'asservir et l'accabler d'un déluge de maux, la république française, comme celle de Rome, eût duré des siècles entiers. Soutenue par la valeur et les talens des héros qui, en répandant leur sang pour elle, se sont acquis une gloire ineffaçable, elle aurait dicté des lois à l'univers, jusqu'à ce qu'il eût plu au tout-puissant de susciter des tempêtes pour la renverser. En voulant imiter les Romains, ils leur ont fait outrage. Ils se sont parés de leurs noms; les Fabius, les Publicola, les Gracchus *français*, loin d'être les restaurateurs de leur patrie, en ont été les tyrans. Quoi ! Robespierre, Danton, Marat, Joseph Lebon, le Père Duchesne et tant d'autres scélérats auraient pu marcher sur les traces des anciens maîtres du monde? Lorsqu'ils ont regorgé de sang, ils sont tombés d'eux-mêmes et ont laissé, en délivrant la terre de leur odieuse présence, des héritiers de leur fureur qui, après nous avoir fait souffrir tous les genres de maux et éprouver toutes les espèces de révolutions, s'imaginent n'avoir pas assez immolé de victimes. Ils se trompent ces hommes qui préparent tant d'attaques; ils trouveront une masse inébranlable qui s'opposera vigoureusement à leurs efforts et accélérera leur chûte.

Des auteurs, avec des intentions plus louables peut-être, mais non moins incendiaires, pensent se faire un mérite de retracer les faits qui se lient à toutes les réactions. Croient-ils se faire un nom parmi leurs contemporains, et dans la

postérité , en peignant les tableaux de
nos dissensions ? Malheureusement nous ne
savons que trop bien les événemens qui se
sont passés; les temps ne sont pas si éloignés,
pour qu'ils soient sortis de nos mémoires ;
pourquoi donc remettre sous les yeux du
public des objets aussi connus, pourquoi rappeler les opinions politiques et religieuses ?
Il importe beaucoup à la postérité de con-
naître les noms des assassins qui se sont
acquis une funeste célébrité ; mais qu'on
laisse ce pénible soin à l'histoire.

Nous n'ignorons pas que des hommes,
pour s'attribuer les richesses et les honneurs
de leurs concitoyens, ont fait jouer tous
les ressorts de la turpitude et de la mé-
chanceté , que des hommes expérimentés
ont été remplacés par des ignorans; nous
savons que d'autres se sont arrogé les
droits de punir eux-mêmes des fautes qui
devaient être portées devant les tribunaux ;
qu'ils se sont érigés en accusateurs et ont
rempli à la fois les fonctions de juges et
de bourreaux ; que, par des ordres émanés
de la bouche de simples particuliers guidés
par l'esprit de vengeance, les prisons ont
été encombrées d'innocens et de coupables
à qui le temps seul a rendu justice.

Nous pouvons avancer sans crainte que la plus grande partie des faits cités par ces auteurs n'est que trop vraie, et quiconque est impartial ne doit pas se dissimuler que, dans les villes de Nismes, Marseille, Avignon et Toulouse, on s'est porté, indistinctement, à des excès inouis. Des gens, obscurs auparavant, mais devenus fameux par leurs crimes, se sont couverts du manteau du royalisme pour satisfaire leurs vengeances particulières; et des femmes n'ont pas craint de tremper leurs mains dans le sang et d'insulter leurs victimes jusqu'à leur dernier soupir. Des femmes, ô honte! doit-on leur accorder ce nom, et peut-on reconnaître dans de tels monstres le chef-d'œuvre de la Divinité!

Puisque les hommes se sont crus un instant autorisés à condamner leurs semblables sans les entendre, que seraient devenues les lois? chacun aurait pu se former un code particulier et renverser les barrières que les tribunaux opposent à l'iniquité. Mais ces temps ne sont plus, et, malgré les obstacles que l'on voudrait susciter, un burin inaltérable en transmettra les faits à nos descendans.

Eux seuls auront le droit de juger les

innocens et les coupables , lorsqu'il ne subsistera plus aucune prévention et que le temps aura fait ressortir la pure vérité ; eux seuls pourront réhabiliter ou ternir la mémoire de leurs aïeux.

Je leur laisse à décider si le maréchal Brune a mérité son malheureux sort. Je prouveraisfacilement , d'après des renseignemens dignes de foi , que l'accusation portée contre lui d'avoir promené au bout d'une pique la tête de la princesse de Lamballe , était dénuée de fondemens et qu'elle a été un vain prétexte pour atténuer le crime horrible dont Avignon a été témoin. Le Roi , dans son ordonnance du 15 juillet , avait nommé les généraux et les magistrats qui , l'ayant abandonné au mois de mars , devaient être jugés par les tribunaux. Le maréchal Brune n'était pas de ce nombre , et ne pouvait y être compris , puisque depuis longues années il était resté dans ses terres. Il ne pouvait avoir trahi la cause des Bourbons , puisque , lors de leur première rentrée sur le territoire français , il n'avait été chargé par eux d'aucun commandement. Lorsque Louis XVIII avait montré la plus ferme résolution de sévir contre ceux qui avaient contribué au renversement de son trône, ses sujets ne pouvaient-ils se reposer sur sa justice ? On leur a fait entendre que le Roi était trop bon , qu'il pardonnait facilement ses ennemis, et que, pour servir sa cause avec plus de zèle, on devait immoler tous ceux du parti contraire. Aussi , le corps du maréchal , mutilé et traîné dans la boue, a été précipité dans le Rhône , et les flots ont recueilli des dépouilles qu'un superbe mausolée aurait dû renfermer : telle a été la fin d'un homme qui se serait fait une gloire de mourir au champ d'honneur en combattant pour la patrie. Le général Ramel a essuyé un sort plus malheureux encore à Toulouse. Non , rien ne peut excuser ces forfaits ; quand même ces deux hommes eussent été réellement coupables , tout jugement devient illégitime lorsqu'il est arbitraire, et les personnes vertueuses n'approuveront jamais de telles horreurs. Un nombre considérable de militaires a été massacré ou jeté dans les gouffres de la mer ; les assassins n'ont pas considéré, dans leur fureur, que la plupart de leurs victimes , après avoir tiré de l'urne le billet fatal, avaient été contraints de marcher aux armées , et ils les ont immolés en reconnaissance sans doute de ce qu'ils avaient , pendant

vint-cinq ans , au prix de leur sang , pré-
servé eux et leurs propriétés des inva-
sions étrangères. Ils ont cru, dans leur
aveuglement, venger la France et le Roi ;
ils ont privé la patrie du secours de guerriers
intrépides, qu'ils auraient pu dans la suite
opposer à leurs ennemis. Ne pouvaient-ils
imiter la clémence d'un des petits-fils
de Henri IV ? Le duc d'Angoulême avait
obtenu la grâce du général Debelle qui
avait porté les armes contre lui, et l'avait
arrêté dans sa marche, lorsqu'il s'efforçait,
avec les troupes restées fidèles, d'éviter à
la France les nouveaux malheurs qui la
menaçaient ; à plus forte raison on aurait
dû épargner des vieux militaires qui n'étaient
point capables de verser le sang de leurs
compatriotes.

Des écrivains rapportent les troubles de
Nismes en 1815, ils auraient dû se contenter
de généraliser les actions ; ils n'ont pas
craint de nommer les personnes qui, dans
les différens partis, n'ont pas toujours
tenu une conduite irréprochable. Qu'ils
répondent ? est-il rien de plus propre à
réveiller les haines et à engendrer les fureurs
d'une guerre civile ?

Les uns ont compté les victimes, détaillé

leurs noms et ceux de leurs assassins , conduit le lecteur dans les rues où ces abominables scènes ont eu lieu, dans les maisons, les métairies, les fermes, à travers les jardins et les campagnes qui ont été dévastés. Les autres ont fait aussi le tableau de leurs pertes, décrit la situation de leurs propriétés ravagées , montré leurs pères, leurs femmes et leurs enfans massacrés et étendus pêle-mêle sans sépulture, et présenté le récit de toutes les persécutions qu'ils avaient essuyées dans des temps plus reculés. Malheureux ! toutes les injures, les menaces de mort que vous vomirez l'un contre l'autre , vous rendront-elles les personnes qui vous étaient chères? sortiront-elles vivantes du sein de la terre où elles ont été jetées ? secoueront-elles leurs dépouilles mortelles pour venir sécher vos larmes et apaiser la fureur qui vous anime ? Non, c'est en vain que vous demandez vengeance, puisque vous ne trouveriez jamais aucun baume salutaire à vos blessures. Un père de famille jouirait du spectacle continuel de voir ses enfans se déchirer le sein, et il finirait par tomber sous leurs coups ! les hommes s'entr'égorgeraient toujours, et la terre ne serait plus arrosée que de sang !!!

Tirons un rideau sur ces atrocités inventées par le fanatisme et plaignons le sort des provinces où de si grandes calamités ont eu lieu.

Dois-je parler ici du procès de Boissin ? Les passions ne sont pas assez éteintes, et les temps sont trop rapprochés, pour oser m'étendre sur un pareil sujet. Il ne m'appartient pas de descendre au fond de la conscience des hommes choisis pour le juger, de décider si l'arrêt rendu contre lui a été juste ou injuste; mon dessein n'étant d'offenser personne, je laisse aux règnes à venir le soin de prononcer. Le Roi a appris cet événement avec douleur, il a reçu dans ses bras le général encore convalescent, et l'a dédommagé de ses peines en lui donnant la noble mission de le représenter à la cour de Bavière.

Toutefois il est bien malheureux qu'un général, dont l'attachement aux Bourbons ne pouvait être suspect, puisqu'il avait émigré et servi quinze ans sous les drapeaux de la Russie, que ce général, dis-je, en exécutant, avec trop d'ardeur peut-être, les ordres sacrés de son souverain, ait été frappé d'un coup de feu qui a failli lui ôter la vie. La religion est, dit-on, la

seule cause de ces animosités. Les fana-
tiques peuvent-ils croire que Dieu , au
nom de qui ils prétendent agir, approuvent
les horreurs qu'ils commettent ? Le Très-
Haut sait faire une distinction entre les
hommes qui le servent avec zèle ou indif-
férence ; mais quelles diversités qui existent
dans les dogmes de la religion chrétienne,
il écoute avec la même bonté ceux qui
l'adorent de cœur et lui adressent de fer-
ventes prières. Louis XVIII, dans la charte
qu'il a donnée au peuple français, déclare
que la religion catholique est celle de l'État ;
mais il accorde sa protection aux autres
cultes. Conformons-nous à la volonté du
Roi et suivons son exemple. Puisqu'il s'est
fait un plaisir de pardonner à ceux qui
s'étaient égarés, que ses sujets se fassent
un devoir de se pardonner mutuellement :
occupons-nous du présent, réfléchissons
sur l'avenir, et oublions le passé. Que les
écrivains, impatiens de se faire un nom,
entreprennent des travaux plus utiles et
plus dignes de les illustrer. Que leur vive
imagination retrace en vers sonores ou en
prose majestueuse les actions éclatantes qui
fourmillent dans notre histoire de France ;
qu'ils dépeignent les vertus de nos monarques,

les talens et l'intégrité de nos magistrats,
la bravoure et la loyauté de nos guerriers ;
qu'ils enrichissent la France d'un autre poème
épique. Les règnes de Charlemagne , de
Philippe-Auguste , St-Louis, Charles VII,
Louis XII , François I.er, Henri IV,
Louis-le-Grand et de l'infortuné Louis XVI,
sont des matières assez élevées pour produire
des sujets sublimes. Jeanne d'Arc, la honte
et l'effroi des anglais , les Duguesclin, les
Nemours, les Bayard, les Montmorency,
les Latrimouille , les Brissac, les Sully ,
les Crillon , les Condé , les Turenne ,
les Desaxe , les Moreau , les Hoche , les
Kleber , les deux Laroche-Jacquelin , les
Rochambeau, les Masséna , les Macdonald,
et tant d'autres héros anciens et modernes,
méritent bien par leurs hauts faits de fixer
l'attention du poète qui veut s'immor-
taliser avec le grand homme qu'il chantera.
L'univers entier a été témoin des exploits
des Français, l'histoire les a déjà consacrés ;
qu'on les rappelle en traits de feu ; que
nos enfans sachent en naissant les actions
étonnantes de leurs ancêtres et de leurs
pères, afin qu'ils s'efforcent , sinon de les
surpasser , du moins de les égaler.

On admirera ces ouvrages qui perpétuent

la gloire d'une nation ; on les relira à chaque
héure du jour ; les yeux, pour ainsi dire,
les dévoreront, et les noms de leurs auteurs
seront élevés jusqués aux cieux, tandis que
ceux des libellistes restent dans le plus
profond oubli.

Horace, dans une dè ses belles odes,
s'écriait, en s'adressant au peuple romain :
« au lieu de vous armer contre vos conci-
» to ens, plût à Dieu que vous forgiez sur
» l'enclume de nouveaux fers pour en frapper
» les Massagètes et les Arabes. » Que ne
renaît-il parmi nous un autre *Horace*, qui,
par le charme de ses vers, contribuât à nous
faire sortir de cet aveuglement qui nous
accable ! Toujours guidés par la vengeance,
nous désirons de verser le sang de nos
semblables ; toujours en garde contre eux,
nous nous croyons à la veille de grands
malheurs, et nous ne secouons pas le joug
sous lequel nous gémissons. Vous n'entendez
pas les pleurs de la patrie, vous ne courez
pas aux pieds de ses autels porter vos of-
frandes et lui jurer de la défendre jusqu'à
la mort ? O provinces fortunées, qui n'avez
pas éprouvé les fureurs de l'ennemi, qui
n'avez pas été témoins de leurs ravages !
que vos habitans verseraient de larmes à

la vue des désastres que les troupes alliées
ont causés ! Qu'ils se transportent un instant
avec moi dans ces pays qui se ressentiront
long-temps de leur présence ; qu'ils viennent
considérer les effets de leur générosité, de
leur grandeur d'ame ; qu'ils interrogent le
premier laboureur ; qu'ils l'écoutent, il parle ;
il va faire un tableau sincère de ses pertes :
sa maison a été détruite, et non content de
la renverser de fond en comble, on lui a
ôté tous moyens de la reconstruire ; vous
ne voyez pas ici les Prussiens, là les Bavarois,
de ce côté les Hanovriens et les Brunsvickois,
enlever, avec ses propres chars, le fer et
le bois qui soutenaient sa demeure, s'emparer
de ses instrumens aratoires, de ses chevaux,
de ses troupeaux, bien pis encore, et ce
qu'on a peine à concevoir, lui ravir tout
ce qui pouvait lui être utile pour apprêter
ou prendre ses alimens. Dans ce hameau,
les Wurtembergeois ne savaient où mettre
les munitions de guerre et de bouche, vous
ne les considérez pas chassant un pauvre
paysan et sa famille de sa cabane qu'ils
transforment en magasin...... Ils veulent
établir des corps de garde ; il réduisent
à mourir de faim et de misère un respectable
vieillard, l'exilent, brisent ses meubles,

et laissent dans sa demeure quatre murailles et un lit de camp. A chaque pas vous ne rencontrez plus de canons, de sentinelles à toutes les issues, et vous ne craignez plus de devenir la proie du vainqueur. L'agriculteur travaille chaque jour pour nourrir sa famille, mais il faut qu'il partage, avec des étrangers que le sort a amenés chez lui, le pain qu'il a gagné à la sueur de son front. Il paie ses contributions à l'État, mais il s'indigne d'abandonner le peu qu'il possède, pour fournir aux réquisitions multipliées de ses ennemis. Chaque jour accroît sa douleur, et son cœur est ulcéré lorsqu'il réfléchit sur le sort de ses malheureux enfans.

Voilà des tableaux dignes d'exercer la plume d'un auteur, son ame peut s'épancher et peindre avec chaleur les divers sentimens qu'elle éprouve. Voilà des matières qui prêtent à l'imagination; de tels sujets ne l'emportent-ils pas sur le récit affreux de nos discordes publiques? Mille fois heureuses les provinces qui n'ont pas ressenti de telles calammités! Elles se plaignent d'avoir été ravagées par des Français, ne frémiraient-elles pas d'avoir été livrées au pillage et à l'humiliation des étrangers!

Les souverains alliés s'occupaient alors dans le palais de nos rois, à féliciter Louis XVIII sur son heureux avènement au trône de ses pères, ils lui exprimaient leur alégresse et lui promettaient de le soutenir de toute leur puissance (comme si le roi n'avait pas assez de l'amour de ses peuples pour maintenir sa couronne), ils lui cachaient toutes les vexations de leurs armées ; mais, lorsque Louis en fut instruit, il versa des larmes et s'empressa de faire donner à ses sujets opprimés tous les secours et les consolations que son cœur lui dictait. Les princes de son sang suivirent un si noble exemple et se transportèrent eux-mêmes dans les provinces, pour soulager les maux de leurs habitans ; mais les pertes qu'ils avaient essuyées, ne pouvaient se réparer qu'avec le temps. Les Français, disaient dans leurs proclamations les généraux de l'Europe coalisée, ont ensanglanté tous les pays où ils ont passé ; nous, qui nous sommes armés pour la plus sainte des causes ; la délivrance du monde, maintenant que nous sommes vainqueurs *par le courage de nos troupes et la force de nos armes*, nous voulons respecter le territoire de la France. Quelles paroles éclatantes ! quelles brillantes

promesses ! La Flandre, la Champagne,
la Franche-Comté, l'Alsace, la Lorraine, le
Dauphiné et toute la Bourgogne n'ont pas
craint d'élever la voix, pour exprimer leur
trop juste ressentiment.

Moyennant un tribut annuel et perpétuel, on espère que les alliés évacueront
notre territoire ; qu'ils partent, assurés
de ne laisser après eux aucun regret.
La terre de la patrie va se réjouir de
n'être plus foulée aux pieds par des hommes
qui ne sont point ses enfans.

Après un tel sacrifice, qu'ils ne prétendent plus profiter de nos discordes et de
nos malheurs. Que les Anglais se contentent
de venir en foule visiter nos belles provinces, mais qu'ils n'aspirent plus à la
gloire de les posséder. Les titres de roi
des royaumes unis d'Angleterre, d'Ecosse
et d'Irlande ne sont sans doute pas assez
pompeux ; une couronne, comme celle de
France, ne siérait pas mal sur la tête du
prince qui gouverne Albion, et un pays
fertile et florissant ferait un superbe con-
traste avec un sol enfumé, auquel le soleil
refuse sa lumière durant la plus grande
partie de l'année.

Si les alliés osaient encore attenter à

notre indépendance, les Français, oubliant leurs dissensions et leurs haines particulières, se leveraient pour repousser une si injuste agression. Les illustres chefs de la Vendée et leurs soldats qui, sans armes et forts de leur seul courage, se précipitaient sur les bouches à feu et par cette intrépidité plus qu'humaine forçaient à la retraite leurs compatriotes, alors leurs adversaires, se joindraient aux guerriers qui ont étonné l'Europe par leur valeur et dont la renommée a publié les exploits depuis les bords du Tage jusqu'au-delà des rives glacées de la Bérésina.

N'anticipons point sur l'avenir; si l'Europe partageait l'opinion d'un représentant du peuple anglais, et jugeait la France digne de mépris, espérons qu'elle aurait quelque confiance dans les vertus, les talens et la sagesse de son Roi.

9 782019 274436